M. MOUSSORGSKY



# LA FOIRE DE SOROTCHINTZY

*Opéra-Comique*

Version française de
M. Louis Laloy

W. BESSEL & Cie

PARIS

# LA FOIRE DE SOROTCHINTZY

MUSIQUE

DE

## M. MOUSSORGSKY

Version française de

M. Louis Laloy

3 Francs

W. BESSEL & C^ie, Éditeurs
PARIS

# PERSONNAGES

---

| | |
|---|---|
| TCHEREVIK, villageois âgé . . . . . . . . . . . . . . | *Basse.* |
| GRITZKO, jeune villageois . . . . . . . . . . . . . . | *Ténor.* |
| LE FILS DU POPE . . . . . . . . . . . . . . . . . . . | *Ténor.* |
| LE COMPÈRE . . . . . . . . . . . . . . . . . . . . . | *Basse.* |
| LE TZIGANE . . . . . . . . . . . . . . . . . . . . . | *Basse.* |
| PARASSIA, fille de Tcherevik . . . . . . . . . . . . | *Soprano.* |
| KHIVRIA, sa femme . . . . . . . . . . . . . . . . . . | *Mezzo-Soprano.* |

Jeunes Filles et Jeunes Gens, Tziganes, Marchands, Marchandes, Cosaques, Juifs.

---

L'action se passe à Sorotchintzy, village de la Petite-Russie.

# PRÉFACE

L'idée de composer un opéra-comique sur le sujet du récit de Gogol, **la Foire de Sorotchintzy,** s'est présentée pour la première fois à l'esprit de Moussorgsky en 1875, c'est-à-dire dans la dernière période de sa vie. Il se mit aussitôt à l'œuvre avec une ardeur dont témoignent de nombreux documents de sa main, contenant des thèmes petits-russiens destinés à cet ouvrage, et une esquisse sommaire du scénario, qui suit de très près le texte de Gogol. Mais à partir de 1878, cette ardeur se refroidit et **la Foire de Sorotchintzy** restait inachevée à sa mort, survenue en 1881.

La partition de Moussorgsky a été terminée et instrumentée par M. N. Tcherepnine.

C'est dans cette version que l'œuvre a été donnée pour la première fois en français au Théâtre de Monte-Carlo en mars 1923, avec ma traduction.

Louis Laloy.

---

Ayant entrepris de terminer et d'orchestrer l'opéra-comique de Moussorgsky, **la Foire de Sorotchintzy**, je me suis attaché aux principes suivants. Pour terminer les scènes que l'auteur avait laissées incomplètes, j'ai emprunté la musique autant que possible au même ouvrage, en la développant et l'adaptant selon les besoins. Dans certains cas, quand un complément était absolument indispensable, j'ai fait appel à d'autres œuvres de Moussorgsky en tenant compte de la situation, des caractères et des sentiments. Pour l'orchestration, je me suis conformé au style alors en usage chez les maîtres de l'école nationale russe.

N. Tcherepnine.

Paris 1923.

# ACTE I

## INTRODUCTION

### Chaude journée en Petite-Russie

Rideau. — La foire. Éventaires, auvents, chars-à-bancs, marchandises de toutes sorte. De côté, l'entrée de l'auberge. Marchands et marchandes. Cosaques, rouliers, bohémiens, juifs, jeunes gens et et jeunes filles. Agitation joyeuse. Journée ensoleillée d'été. Sur la fin de la scène, le soir tombe.

**Marchandes**

Les cruchons! Pastèques,
Seaux en bois de chêne
Voyez les beaux rubans,
Oh! comme ils brillent!
Courges, belles courges!
Melons d'eau, melons bien mûrs,
Courges! Fraîches!

**Marchands**

Les moyeux! Qui veut des fers?
Rubans, parures!
Qui veut des sacs de toile?
J'ai des cercles pour les roues, Oh!

Les casquettes, les casquettes!
Jeunes gens, venez les mettre!
Dragées! Tout sucre!
Grains en sac et farine! Oh!

**Marchandes**

Oh! les belles boucles d'oreilles,
Les jolis colliers, les parures!
Baquets! Rouleaux!
Melons! Bonnets!
Les rubans de soie, les rubans qui brillent!

**Marchands**

Melons! Bonnets! Baquets! Rouleaux!
Eh, venez voir les gars, les bonnets en peau d'agneau
De mon étalage.
Par ici, Messieurs et dames,
Faites votre choix bien vite!

**Des Juifs** (à des Tziganes qui passent)

Par ici mes beaux Messieurs,
Rendez-nous visite!
Dans notre boutique
Nous donnons à boire,
Et tous les articles à votre service!
Pour vous satisfaire, rien ici ne manque!

**Tziganes**

Que nous voulez-vous, les juifs maudits?
Vous dites qu'on donne? Comment?

(Ils battent les juifs.)
(Jeunes gens et Cosaques entrant en bandes.

**Jeunes Gens**

Hardi, Hardi, jeunes gens,
Ah! compagnons de fête,

Hardi, Hardi, les gaillards,
Accourez, la belle jeunesse.

### Cosaques

Ho! Ho! Les Cosaques!
Ho vous, compagnons de fête,
Ho vous tous, les braves,
Hâtez-vous de prendre place,
Ho!

### Jeunes gens

Hardi, hardi les gaillards,
Ha, compagnons de fête!

### Les Tziganes (à leur étalage)

Des clous bien solides,
Et voici des cercles!
Il faut qu'on se hâte!
Ils sont à l'épreuve,
Sortant de l'usine.

### Jeunes Gens et Cosaques

Hardi, hardi les gaillards,
Ha, les joyeux compagnons!
Ha, cosaques mes amis!

### Les Tziganes

Et là sont les guitares,
Bien sonnantes, bien plaisantes,
Oh!
Venez voir les guitares!
Venez voir!

(Entre Tcherevik avec sa fille. Parassia, qui pour la première fois voit une foire, regarde avec un naïf enthousiasme les rubans, les colliers et le reste. Tcherevik parle d'affaires avec les marchands.)

**Parassia**

Oh! père, les rubans de soie
Comme ils brillent !
C'est une merveille!
Oh! combien j'aimerais en prendre,
Pour nouer mes nattes,
Pour me faire belle!
Ah! regarde, père, encore d'autres
De couleur d'azur, si claire!
C'est un charme, c'est un pur délice!
Père, donne m'en, mon bon père
Ah! regarde! Le collier de perles
Comme il fait riche, un collier de dame!
Ah! c'est trop beau, regarde, père, la merveille!

**Tcherevik** (s'arrachant pour un instant à ses négociations)

Je suis en train de vendre la cavale.

**Jeunes Filles**

Venez vite, jeunes filles,
Jeunes filles mes amies,
Les garçons qui nous attendent!
Allons les surprendre!
(Vers les jeunes gens.)
Holà! vous autres!
Holà! les braves,
Qui traînez ici vos bottes,
Qui venez pour voir la fête!
Que voulez-vous nous offrir,
Pour nous divertir?
Ces jolis rubans qui brillent,
Où ces jupons à ramages ?
Ho!

**Jeunes Gens**

Ho, jeunes filles, vous êtes gentilles!
Et plaisantes, et coquettes
Et plaisantes, et coquettes!

**Jeunes Filles**

Ho! cosaques, quels avares!
Pas un cadeau?

(Elles s'éloignent avec les jeunes gens vers les boutiques. Entre un vieux tzigane.)

Rubans! Rubans! Vraiment?
Jupons! Jupons! Vraiment?
Assez! Voilà! Quoi!

(Pendant le récit du Tzigane, le jeune Gritzko fait la cour à Parassia.)

**Le Tzigane**

Salut! vous, gens de la fête, salut, tous!
Aux fillettes je souhaite
Que tous leurs vœux s'accomplissent!
Mais rien de bon à faire sur cette place maudite.
Sur cette place domine la force maligne
Qui trouble les consciences honnêtes.
Faut-il tout dire?
Dans cette grange en ruines,
Sitôt que tombent les ombres,
On voit paraître des groins horribles,
Mauvais présage pour qui passe!
Ruîne que hante la « Veste Rouge ».

**Tcherevik**

La Veste Rouge?

**Parassia**

Pourquoi te moques-tu de moi?

**Gritzko**

La belle, écoute sans peur!
Non, je ne me moque pas de toi.

**Le Tzigane** (à quelque distance des jeunes gens)

Démon qui se rit du monde
Tend aux braves gens des pièges
Et s'amuse à voler les bêtes,
On peut les chercher.

**Parassia**

Ton regard fixé sur moi m'effraie,
Prends pitié de ma faiblesse
Ah, tais-toi, je vois que tu te moques!
Laisse-moi garder le grain à vendre
Laisse-moi, épargne-moi, va-t'en d'i...

**Gritzko**

Suis-je si terrible? Ah, Parassia!
Ah! ma belle!
O ma belle, mon cœur à toi seule,
Tout, tout pour un seul baiser de toi!
(Il la prend par la taille).
Tout pour toi seule, ma belle,
Je donnerai tout pour toi seule...

**Le Tzigane**

La nuit il brouille les routes,
Malheur à celui qui rencontre
La « Veste Rouge ».

**Tcherevik** (s'approchant brusquement de Gritzko)

Hé! Là! Dis-donc, toi!
Tu en contes à ma fille?
Drôles de manières!
Je vais t'apprendre à vivre!

**Gritzko**

Ma parole, en personne
C'est Tcherevik Solopy!
Bien le bonjour, compère!

**Tcherevik**

Dis-donc, toi! Tu m'étonnes!
Par quel sortilège,
Sais-tu mon nom de famille?

**Gritzko**

Toi-même, tu m'étonnes,
De ne pas me reconnaître,
Je suis fils d'Okhrim, cosaque!

**Tcherevik**

Quoi! Toi, tu serais le fils d'Okhrim?

**Gritzko**

Oui, ou peut-être le diable?

**Tcherevik**

On dit bien vrai :
S'il faut que l'on examine
Tous les gens qu'on voit passer,
Le diable même s'y perdrait!

**Gritzko**

Donc Solopy, nous avons fait amitié
Ta fille et moi, nous ne voulons autre chose
Que d'être unis pour toujours.

**Tcherevik** (à Parassia)

Comment, Parassia?
La chose est possible,
Oui, la chose est possible,
Vous pouvez ensemble vivre,
Pour ainsi dire vivre, pourquoi pas?
Pourquoi pas?
Et partager tout ce qui viendra.
(A Gritzko)
Donc, topons là?

**Gritzko**

Topons là!

**Tcherevik**

Un bon accord demande un pot de vin!

**Gritzko**

Ça va!

**Tcherevik**

Viens, mon compère!

(Tous trois prennent le chemin de l'auberge.)

**Marchandes**

Les cruchons! Pastèques!
Seaux en bois de chêne!
Voyez les beaux rubans!
Oh, comme ils brillent!
Oh, les belles boucles d'oreilles,
Les jolis colliers, les parures!
Baquets! Melons!
Courges, belles courges!
Melons d'eau, melons bien mûrs!
Courges fraîches.
Oh, les belles boucles d'oreilles.
Les jolis colliers! les parures!
Rouleaux! Bonnets!

**Marchands**

Les moyeux! Qui veut des fers?
Rubans! Parures!
Qui veut des sacs de toile?
J'ai des cercles pour les roues!
Oh!
Melons! Baquets!
Eh! venez voir les gens,
Les bonnets en peaux d'agneaux,
De mon étalage,

Par ici, Messieurs et dames,
Faites votre choix bien vite!
Melons! Baquets!

**Marchandes**

Les rubans de soie, les rubans qui brillent!
        Baquets! Melons!
Qu'on se hâte! Qu'on se hâte!
    Oh, qu'on se hâte!
Nous baissons tous nos prix pour finir
Venez vite, on liquide,
Qu'on se hâte! La nuit vient.
J'ai des coiffes en tous genres!
    Rouleaux! Bonnets!
Qu'on se hâte! La nuit vient!
Hâtez-vous, le soir tombe!
Nous allons nous mettre en route
On va se coucher. Qu'on se hâte!
Nous baissons tous nos prix pour finir!
Venez vite, on liquide,
Qu'on se hâte! La nuit vient!

**Marchands**

Qu'on se hâte! La nuit vient!
Nous allons nous mettre en route,
On va se coucher. Oh, qu'on se hâte!
Nous baissons tous nos prix pour finir!
Venez vite, on liquide,
Qu'on se hâte! La nuit vient.

(Le soir tombe. Les marchands se dispersent peu à peu.)

Chacun va à son auberge
Qu'on se hâte.

(Tcherevik et son Compère sortent de l'auberge et rôdent dans le crépuscule, non sans se heurter de côtés et d'autres.)

**Tcherevik**

Oh, mon brave, oh, Tcherevik, puisque c'est ton nom
Ne parle pas, prends bien garde à ta femme!

**Le Compère**

Par la plaine, qui verdoie,
Il va le cosaque, à Poltava.

**Tcherevik**

Oh, brave homme, brave qui t'en vas bravant,
Par le diable jarniguienne et jarnibleu,
Que de misère sur terre!
Non, ce n'est plus le temps de rire!

**Le Compère**

Il arrivera, il n'arrive pas,
Il s'arrêtera, la sorcière est là.

**Tcherevik**

Oh, brave homme, c'est l'instant d'ouvrir les yeux,
Gare au diable et tâche de marcher bien droit!
Que de misère sur terre!
Non ce n'est plus le temps de rire!

**Le Compère**

Dou-dou, rou-dou-dou, rou-dou-dou;

(Ils s'éloignent par la route.

Oh! rou-dou, rou-dou-dou, rou-dou-dou;
Au berceau la pauvreté,
Feu de paille flambe et ne peut durer,
La cruche à l'eau tant de fois va.
Oh! rou-dou-dou, rou-dou-dou, rou-dou-dou.
Comme il marche le cosaque, le cosaque;
S'il se cache, cache dans sa cabane,
Sa cabane se renverse, se renverse.
Oh! dou-dou, rou-dou-dou, rou-dou-dou,
Oh! rou dou, rou-dou-dou, Oh!

**Tcherevik**

Oh! rou-dou, rou-dou-dou, rou-dou-dou;
Rou-dou-dou
Pauvreté ne peut durer
Et la cruche à l'eau tant de fois va
Oh! rou-dou-dou, rou-dou-dou, rou-dou-dou.
Comme il marche le cosaque, le cosaque;
S'il se cache, cache dans sa cabane,
Sa cabane se renverse, se renverse,
Oh! dou-dou, rou-dou-dou, rou-dou-dou;
Oh! dou-dou, rou-dou-dou.

(Khivria se montre, furieuse. Tcherevik et le Compère sont tranquillement assis à boire. Le Compère s'éclipse au commencement de la dispute entre les deux époux).

**Tcherevik**

Hé! femme, je sais qui va devenir mon gendre.

**Khivria**

Non, a-t-on jamais vu! Pauvre homme!
Qui sans penser à vendre
Le blé de sa récolte
Vient s'attabler à l'auberge!
A côté de ces vauriens,
Et avec ce compère!
Je veux que le morceau te reste dans la gorge,
Et que tu trouves au lieu de gâteau la queue du diable.
Bonne leçon pour toi!
Le beau mari qu'il a trouvé!
Pensez donc, un gueux, quelque vaurien sans culottes!

**Tcherevik**

Mais non, pas du tout!
Je voudrais que tu saches quel gaillard,
Rien que son gilet vaut plus d'argent

Que ton corsage vert,
Et ses bottes reluisent comme un soleil
Et comme il sait siffler un verre!

**Khivria**

C'est ça, ivrogne fieffé, vaurien,
Tout ce qu'il faut pour faire la paire!
C'est, je crois bien, le même garnement,
Le même mauvais drôle,
Que près du pont nous avons rencontré.

**Tcherevik**

Ah! Khivria, si c'est bien le même,
Est-ce donc un vaurien,
Si ce n'est qu'il t'a manqué, dis-moi,
De respect, en passant, peut-être?

**Khivria**

Tète vide, sot que tu es,
« Est-ce donc un vaurien? »
Je veux qu'il étouffe,
Je veux qu'il crève!
Et que sur un tonneau son père
Aille s'ouvrir le front.
Que sur la glace manque son pied!
Le monstre, le drôle!
Puisse-t-il voir le diable,
Le prendre par la barbe.

**Tcherevik**

Ah diable donc! Le beau mariage!
Il faut donc refuser un aussi bon jeune homme
Sans raison, sans motif.

Ah! Seigneur, ah! mon Dieu,
Pour nos péchés combien lourde est la peine!
Quand par le monde il y a tant de misère
Fallait-il donc y ajouter les femmes!

(Tcherevik sort).

**Gritzko** (Nuit. Clair de lune)

Pourquoi mon triste cœur a-t-il tant de peine?
Comment guérir ta peine amère, dis, mon cœur?
Est-ce que le sort cruel veut nous désunir
Et nous interdire de goûter au bonheur?
Tais-toi, ô mon cœur! O mon triste cœur!
Craintes, alarmes, je vous repousse loin de moi;
Rien en ce monde ne m'est cher,
Rien que l'amour de ma Parassia,
Ah! Parassia, ah! Parassia
O toi, ma colombe, souveraine de mon cœur!
Mère méchante qui veut nous perdre.
Rien à mon cœur, rien n'est cher
Que le tendre amour de ma Parassia.
Oh! dis-moi, cœur affligé, cœur qui soupire.
Les mots qui calmeront ta peine, cœur souffrant!

**Le Tzigane**

Bonjour donc,
Gritzko, bonjour donc!
Eh! laisse-moi les bœufs pour vingt roubles!

**Gritzko**

Toi, tu ne vois partout que des bœufs,
Pour les gens de ta race, il n'y a que profit
Tu fais marché de dupes
Pour tous les gens honnêtes.

**Le Tzigane**

Tu laisses les bœufs pour vingt roubles,
Si je fais en sorte
Que Tcherevik t'accorde
Sans faute Parassia ?

**Gritzko**

Pour vingt roubles veux-tu, pour quinze je veux bien,
Si seulement elle est à moi !

**Le Tzigane**

Quinze roubles. Ça va bien !
C'est donc bien quinze, marché fait ?
Je te donne un écu pour les arrhes.

**Gritzko**

Oui, mais si tu me trompes ?

**Le Tzigane**

Alors, l'écu pour toi.

**Gritzko**

Ça va bien, nous voilà d'accord. Topons là !

**Le Tzigane**

Topons.

(Le Tzigane sort.)

**Gritzko**

Marché fait, je crois, ma parole
Qu'avec ce tzigane, tête de fripon
Je ne dois m'attendre à rien de bon.

(Parassia apparaît.)

**Gritzko**

Toi ?

**Parassia**

Gritzko ?
Où suis-je ? Comment suis-je venue ?
Où est mon père, ma maison ?
Comme il fait sombre ici...
Devant moi sont deux routes
Sous les arbres obscurs
Les toits ont disparu,
Et le village dort.

**Gritzko**

Serait-ce un rêve !
Ma beauté, crois-moi ! Dieu m'entende !
Je t'aime !

**Parassia**

M'aimes-tu vraiment ?

**Gritzko**

Oui c'est bien vrai que je t'aime, jeune fille,
Que je t'adore pour tes beaux yeux,
Au regard brillant et pur.
Oui, c'est bien vrai que je t'aime, que je souffre,
Car je ne sais pas si tu peux m'aimer.
Si tu peux... non, je n'ose,
J'ai quelque chose à dire...

**Parassia.**

Dis-le ! Dis ce que tu veux !

**Gritzko.**

Là dans une chaumière blanche,
Vivre tous les deux, toi et moi,
Tu serais comme une reine,
Dans ma maisonnette et blanche.

**Parassia**

Ah! Gritzko, tu vois mon trouble,
Et mon angoisse,
Écoute ma réponse :
Vous êtes tous de beaux galants,
Vos discours sont flatteurs,
Votre cœur bientôt s'enflamme,
Mais pour peu que l'on vous écoute,
Ce beau feu se calme,
Il n'en reste rien.

**Gritzko**

Tu ne me crois donc pas, dis, Parassia?

**Parassia**

Non, Gritzko, non, sois tranquille,
Car devant Dieu je serai bientôt ta femme,
Je te le promets.
Et maintenant, adieu!
Il se fait tard.

**Gritzko**

Adieu, adieu, jeune fille!
Bonne nuit et bon retour,
Car voici le soir,
Adieu, jeune fille, sois fidèle!

**Parassia**

La lune déjà s'élève,
Elle éclaire mon retour,
Car voici le soir,
La lune brille, sois fidèle!
La lune brille au ciel,
Pour mon retour,
La lune éclaire mon retour.

**Gritzko**

La lune brille au ciel
Pour ton retour,
La lune éclaire ton retour.
Le jour heureux s'approche,
A moi, reste à moi!

**Parassia**

Le jour heureux s'approche,
A toi, je suis à toi,
Adieu!

**Gritzko**

Adieu!

**Parassia**

O mon Gritzko, mon bien-aimé, adieu,
Adieu, ô bonheur!

**Gritzko**

O ma Parassia, adieu,
Adieu, ô bonheur!

(Le rideau baisse lentement.)

---

# ACTE II

---

(La chaumière de Tcherevik. Khivria fait la cuisine. Tcherevik dort.)

**Khivria** (elle examine Tcherevik).

Quoi! Il dort toujours?
C'est du joli, marmotte!
Ta gueule a reçu un coup de pied du diable!
Hou, le laid.

(Elle fait la cuisine.)
(Elle se retourne vers Tcherevik.)

Il dort.
Et qu'est-ce que ce poêle du diable?
On y met des nouilles,
Il en sort des galouchki!

(Elle s'approche de Tcherevik.)

Il dort. Quelle triste mine!
Ah! le joli mari que j'ai reçu du ciel!

(Elle fait la cuisine.)

Mais lui, mon doux ami;
Ah! qu'il est joli, si blanc et si soigné,
Et ses paroles sont pour moi un chant délicieux.

**Tcherevik** (en rêve).

Oh! brave homme, qui t'en vas par là bravant,
Par le diable jarniguienne et jarnibleu,
Ah! mon brave homme, pauvre homme,
Comme tu as donc peu de chance!
Dis, brave homme, où veux-tu diriger tes pas?

Dis, brave homme, à qui as-tu donné ton cœur?
Ton brave cœur qui prend peine
Sans en avoir de récompense?

**Khivria**

Bon! Il commence sa journée, oui-da!
(Il s'éveille et s'assied.)

**Khivria** (à part)

Fils du diable, va!
Gare à toi!
(A Tcherevik.)
L'affaire est faite?

**Tcherevik**

Peut-être.

**Khivria**

Quoi! Peut-être?

**Tcherevik**

Sans doute.
Un joli monsieur s'amène :
« Mon brave homme, quel prix en veux-tu? »
C'est ainsi qu'il dit.
Je réponds : « Du blé ou de la bête? »
Mais il demande : « Cette bête a-t-elle un nom? »
Et je lui réponds ce qu'ici personne n'ignore,
Que le nom de notre bête est Khivria.

**Khivria**

Ah! coquin!
As-tu jamais vu, ou jamais entendu conter
Qu'on ait donné à une bête le nom d'un chrétien?
Et c'est le mien encore!

**Tcherevik**

Eh! qu'as-tu donc? Tu n'as rien à dire :
Le cheval de l'assesseur a bien reçu,
Je pense par erreur, le nom de Stéphanie.

**Khivria** (avec impatience)

Oui, et après?

**Tcherevik** (calme)

Et voilà qu'il me dit :
« Tu fais passer pour une jument ta Khivria!
» Personne n'ignore que c'est un lapin! »

**Khivria**

Parle pour toi!
Mais ta femme, y as-tu pensé? Fi donc!
Oui, tu as bien des yeux de lapin, un nez de lapin,
Oui, tu as bien tout du lapin!

**Tcherevik**

Si tu y tiens! Mais j'en doute!

**Khivria**

Tout, tout du lapin!

**Tcherevik**

Tu veux m'offenser,
C'est ton droit sans doute,
Mais pourquoi t'acharnes-tu sur le lapin
Qui ne t'a rien fait en somme?

**Khivria**

Ah! vipère!
Monstre, rebut de la nature, maudit!
Basilic infâme! Reste assis!
Prends tes aises!

**Tcherevik**

J'en avais assez de ma paillasse,
Je me suis assis, Khivria.

**Khivria** (en public)

Non! braves gens, regardez,
Vrai, suis-je pas à plaindre?
Qu'ai-je pu faire au bon Dieu
Pour souffrir pareil supplice?

(désignant Tcherevik)

Et vous croyez qu'il va m'écouter?
Et vous voyez comme il fait le fier!
Quelle façon de me disputer!
Quelle querelle vas-tu chercher?
Va voir à la porte si j'y suis!
Grouille-toi plus vite! Hors d'ici,
Ou sinon prends garde à toi!

**Tcherevik** (il se lève)

Bon, ça va!
Je ne sais pour quelle faute
Tu es en colère,
Mais je suis de trop ici,
Tu veux que je m'en aille,
Et pourtant qui mieux que moi peut te comprendre
Et venir en aide à ta vieillesse et à ta malice?

**Khivria**

Que viens-tu me chanter là?
Déguerpis bien vite,
C'est moi qui l'ordonne,
C'est moi qui le veux!
Va garder nos sacs de blé,
Va garder la bête!
Pour la nuit, pour la nuit,
Pour la nuit dans la cour!

**Tcherevik**

Mais la « Veste Rouge » ?

**Khivria**

Pour la nuit, pour la nuit,
Pour la nuit dans la cour !

(Avec un geste menaçant.)

**Tcherevik**

Mais la « Veste Rouge » ?

**Khivria**

Pour la nuit, pour la nuit dans la cour !

**Tcherevik**

J'y vais, j'y vais. Non, mais quoi !

(Il sort.)

**Khivria**

Viens mon bien-aimé, viens vite, je t'attends,
O toi que j'aime, mon doux ami !
Viens, je suis à toi !
Je te donnerai de quoi te régaler,
Tout ce qui te plaît, je te le donnerai
A toi mon adoré !

(Elle met les plats sur la table.)

Les galouchki et les jolis pâtés,
Et voilà les beignets fourrés,
Et les crêpes, les crêpes, divin régal...

(Elle fait semblant de saluer l'hôte attendu, comme s'il se mettait à table.)

Servez-vous, Afanasii Ivanytch, servez-vous
Soyez le bienvenu ici !
Ah ! malheur, c'est ma coiffe qui veut tomber !

(En rajustant sa coiffe, elle remarque d'autres imperfections de sa toilette)

Ma jupe qui s'est chiffonnée, encore,
Mes bottines qui sont poudreuses...

(Elle s'ajuste et se fait belle).

Ah ! je suis mieux ainsi,
Je n'ai plus un grain de poussière,
Bien, ma toilette est faite pour lui plaire,
« O ma Khivria ! tout est charmant en toi !
O ma colombe qui fais la cruelle,
O pourquoi ne pas venir à notre rendez-vous du soir
O pourquoi ne pas venir au rendez-vous de l'autre soir ?
Au rendez-vous de l'autre soir ?
Il me semble qu'il se fait attendre !
Mes plats refroidissent et mes crêpes ne seront plus fraîches
Ah ! En suivant le vert sentier,
Je m'en vais, je m'en vais,
Par les monts et par les plaines
Au marché, au marché.
Beaux cosaques, je vous offre,
Mon panier, mon panier,
Mon panier plein de brioches,
Pour un sou, pour un sou.
Mais il m'abandonne. Je suis seule !
Qu'ils aillent tous au diable !
Ne te laisse pas abattre,
Khivria, prends courage,
Chante ta chanson, Ah !
Depuis que j'ai rencontré ce garçon-là
　　　　Garçon-là,
J'ai changé plus d'une fois ces souliers-là,
　　　　Souliers-là.
Ah ! le maudit garçon ! Ah ! peste du garçon !
De moi-même je m'étonne,
D'avoir pu aimer cet homme,
De moi-même je m'étonne
D'avoir pu aimer cet homme.
Son habit lui donne l'air d'un seigneur,
　　　　D'un seigneur,

Toutes neuves sont ses bottes,
Elles sortent de l'échoppe,
Ah ! le maudit garçon,
Ah ! peste du garçon !
De moi-même je m'étonne
D'avoir embrassé cet homme,
De moi-même je m'étonne,
D'avoir embrassé cet homme.
Le garçon sera soldat
« Non, dit-il, je n'y vais pas ;
Je ne manque pas de cœur,
Mais les balles me font peur .»
Ah ! que dis-tu là garçon ?
Ah ! que dis-tu là, garcon ?
De moi-même je m'étonne
D'avoir pu quitter cet homme.
De moi-même je m'étonne
D'avoir pu quitter cet homme.
Et le soir il va séduire,
Au coin du bois la jeune fille.
« Ma colombe trop craintive,
Songe à celles qui t'envient »
Ah ! le maudit garçon,
Ah ! peste du garçon !
Ce n'est plus ce qui m'étonne
D'avoir pu lâcher cet homme,
Ce n'est plus ce qui m'étonne
D'avoir pu lâcher cet homme.

(librement)

Ah ! d'avoir pu lâcher cet homme. Ohé !

(Afanasii Ivanovitch derrière la scène)

**Le Fils du Pope**

Hé !

**Khivria** (elle écoute)

Toi, tu vas voir ! Est-ce des façons ?

**Le Fils du Pope**

O-ho ! O-oh !

(Elle prend une cruche d'eau et court à la fenêtre dans une mauvaise intention.)

**Khivria** (elle cache la cruche derrière son dos)

Ah ! Ah ! C'est donc vous, Afanasii Ivanovitch.

**Le Fils du Pope**

Noble dame, Dieu vous garde ce soir !
Dieu vous garde !

**Khivria**

Oh ! bonjour, Afanasii Ivanovitch,
Dieu vous garde !

**Le Fils du Pope**

Est-il permis de s'approcher, belle dame,
A la faveur de votre grâce ?

**Khivria**

Oui, mais tout doucement,
Prenez garde à vous,
Ne tombez pas dans les orties...
Aïe ! Tombé, oui, et sur l'ortie encore !
Ah ! quel malheur, mon Dieu !

**Le Fils du Pope**

Aïe !

(Elle se hâte de remettre la cruche à sa place, et après un dernier coup d'œil à sa toilette sort à la rencontre du jeune homme qu'elle introduit dans la chambre.)

**Khivria**

N'êtes-vous pas blessé ?
Ne vous êtes-vous, non plus,
Par mégarde, rompu le cou ?

**Le Fils du Pope**

Chut! Je n'ai rien,
Je n'ai rien, ma chère dame Khavronia Nikiforovna!

**Khivria**

A Dieu je rends grâces!

**Le Fils du Pope**

Si ce n'est une éraflure à fleur de peau
Du fait de cette ortie, « qui est le serpent
Dans l'ordre des plantes »,
Pour emprunter l'expression de notre feu archiprêtre.

**Khivria**

A la maison rentrons ensemble!
Rien à craindre, nous serons seuls
Personne ne viendra nous déranger
Mon vieil imbécile garde la voiture pour la nuit,
De crainte des rôdeurs qui d'aventure
Lui déroberaient son bien.

**Le Fils du Pope**

O mon ange descendu des cieux,
Khavronia Nikiforovna.

**Khivria**

Et moi, j'imaginais, je pensais, juste ciel
Que vous étiez souffrant, indisposé,
Que sais-je encore? Non, Dieu merci!

**Le Fils du Pope**

Grâces ineffables, félicités du ciel, trésor!

**Khivria**

Et tout va chez vous comme vous voulez?
On dit que Monsieur votre père
A reçu des cadeaux aussi nombreux que variés.

**Le Fils du Pope**

Rien qui vaille, rien du tout
Khavronia Nikiforovna,
Rien qui vaille, rien du tout.
Songez que pendant le carême
Il n'a reçu que quinze sacs de blé à peine,
Plus quatre sacs de millet, cent miches de pain
Et depuis, en comptant bien tout,
Environ cinquante têtes de volaille,
Et des œufs qui pour la plupart
Se sont trouvés pourris.

**Khivria**

Afanasii Ivanovitch
Est-ce donc rien?
Vous êtes bien sévère.

**Le Fils du Pope**

Mais je vous le dis, c'est sous votre toit
Uniquement, je vous l'affirme,
Qu'on donne les offrandes d'un cœur généreux
Khavronia Nikiforovna!

**Khivria**

L'offrande est-elle à votre goût?
Les galouchki et les jolis pâtés,
Et voilà les beignets fourrés,
Et les crêpes, les crêpes, divin régal.

Servez-vous, Afanasii Ivanovitch,
Servez-vous, soyez le bienvenu ici.

(Le Fils du Pope mange de bon appétit.)

Prenez encore de ces beignets ou de ces pâtés.
Servez-vous bien, Afanasii Ivanovitch !

**Le Fils du Pope** (il se régale)

Mm ! Mm ! Mm !

**Khivria**

Ne sont-ils pas bons, que vous n'en vouliez plus ?
Servez-vous bien !
Je vous les recommande, ces beignets fourrés.

**Le Fils du Pope** (avidement)

Mm ! Mm !

(Il se régale en hâte)

Mm... Mm... Mm... Mm... Mm... Mm... Mm...

(Il se lève d'un bond)

Ah ! par ma foi, c'est l'ouvrage d'une main,
Main habile, s'il en fut jamais
Depuis la création d'Eve.

(Tendrement à Khivria)

Et pourtant, Khavronia Nikiforovna, j'ai dans le cœur
La convoitise d'un régal plus tendre
Que tous les pâtés, que tous les beignets...

**Khivria** (non sans affectation)

Oui, je ne sais pas vraiment
Quel peut être ce régal
Qu'il faut à votre cœur,
Afanasii Ivanovitch.

**Le Fils du Pope** (une galouchka dans une main, de l'autre il cherche à enlacer Khivria)

Le régal de votre amour tendre,
Mon divin trésor Khavronia Nikiforovna !

(Profond soupir)

**Khivria**

Je ne sais vraiment
Ce que vous allez imaginer encore
Afanasii Ivanovitch.

**Le Fils du Pope**

O mon cœur !

(Le jeune homme mange la galouchka)

**Khivria**

Que vous me faites peur !
Quoi, c'est un baiser que vous voulez,
Dieu me vienne en aide,
Me ravir par caprice ?

**Le Fils du Pope**

Pour cela je vous dirai les mots
Que j'ai appris au collège ;
Malgré les années,
Je m'en souviens toujours :
Celui qui de près contemple
Le corps de la femme et son doux visage,
Un émoi voluptueux tout d'abord
S'empare de son âme troublée
En proie à la soif ardente d'un désir inconnu.

(Il embrasse Khivria à pleine bouche)

**Khivria** (inquiète)

On frappe !

(On frappe à la porte.)

Qui vient donc ?

(Elle regarde par la fenêtre.)

Ah ! mon Dieu, mon Dieu !

(Khivria sort vivement voir ce qui se passe à l'entrée.)

**Le Fils du Pope** (terrifié)

Que Dieu me pardonne mes péchés affreux,
Ce n'est pas ma faute,
C'est l'éternel Ennemi qui m'a fait succomber
Dieu, pitié !

**Khivria** (*elle rentre en courant*)

Ah ! Afanasii Ivanovitch,
Nous voilà pris tous deux,
Ils sont là toute une foule,
J'ai reconnu la voix du Compère !

**Le Fils du Pope** (il a perdu la tête, Khivria cherche de tous côtés où le cacher)

Que Dieu me pardonne, que Dieu me pardonne,
Que Dieu me pardonne, que Dieu me pardonne,
Que Dieu me pardonne, que Dieu me pardonne,
Que Dieu me pardonne, que Dieu me pardonne,
Que Dieu me pardonne, que Dieu me pardonne,
Que Dieu me...

(Comme pétrifié.)

**Khivria** (elle prend par la basque de son habit le jeune homme et le pousse dans la soupente)

Écoutez, écoutez ! Cachez-vous par ici.
Allez donc « Que Dieu me pardonne » !

**Le Fils du Pope** (il obéit)

Que Dieu me pardonne, que Dieu me pardonne,
Que Dieu me pardonne, que Dieu me pardonne,
Que Dieu me pardonne.

(Elle le cache dans la soupente.)
(Elle ouvre la porte.)
(Il saute dans la soupente et s'y couche.)
(Entrent Tcherevik, le Compère et leurs invités qui regardent autour d'eux, un peu éméchés et effrayés par les histoires qu'on leur a racontées de la « Veste Rouge ».)

**Deuxième Invité**

Eh? Quoi?

(Les planches craquent sous le poids du fils du Pope.)

**Troisième Invité**

Écoutez?

**Tcherevik**

Où? Qui donc?

**Premier Invité**

On dirait...

(Nouveau craquement.)

**Premier et Deuxième Invités**

Aïe, Aïe! Aïe!

**Tcherevik**

Pourquoi?

**Le Compère**

Où cela?

**Tcherevik et Troisième Invité**

Aïe!

**Le Compère**

Eh bien, commère? Toujours
Ce frisson de fièvre dont tu trembles?

**Khivria**

Oui, je ne suis pas bien.

**Le Compère**

Allons, va nous chercher un baril dans ma voiture!
Nous le viderons bien à notre santé;
Ce sont ces femmes-là dont les cris nous ont fait peur
En vérité, c'est une honte!

(Après un regard à la soupente, Khivria se décide à aller chercher le baril.)

**Le Compère**

Elle avait bien peur, notre Khivria.

**Tcherevik**

Khivria? Non, voyons!

**Le Compère**

Elle en frissonnait d'épouvante.

**Tcherevik**

Allons donc! C'est elle bien plutôt
Qui pourrait en remontrer au diable en personne!

**Premier Convive**

Ah!

**Le Compère**

Ça n'empêche qu'elle était livide et tremblante.

**Tcherevik**

Tremblante? Khivria? Tu plaisantes.
Elle qui peut faire peur au diable,
Trembler pour la « Veste Rouge »!

**Deuxième Convive**

Ah! Ah!

**Le Compère**

Encore!

**Tcherevik**

Quoi, encore?

**Le Compère**

La « Veste Rouge »!

**Premier et Deuxième Convives**

Où cela?

**Tcherevik**

La « Veste Rouge »! Où cela?

**Troisième Convive**

Où cela? Où cela?

**Premier Convive**

Nulle part. Ce n'était qu'un rêve.

**Les Convives**

Ce n'était qu'un rêve. Que Dieu soit loué!

**Le Compère et Tcherevik**

Ce n'était qu'un rêve. Que Dieu soit loué!

(Khivria revient avec le baril.)

**Le Compère**

Et voici la barrique,
Nous allons la rouler.

Pour la mettre à sa place.
Mais d'elle-même voyez donc,
Elle roule, elle vient à nous.

(Il boit.)

On peut bien dire
Que c'est pour rien du tout
Que nous sommes tous venus ici!

(Il boit.)

J'en mettrais mon chapeau neuf en gage;
Ce sont elles, les femmes,

(Il dresse le baril, Tcherevick le saisit, le présente aux autres et boit lui-même.)

Qui nous ont fait cette farce.
Oui, et même une supposition
Que le diable en aurait pris sa part?
Bon et après?
Sans avoir peur crachez dessus!

(Effrayé de son blasphème.)

En ce moment, ici-même...

(Reprenant courage.)

Une supposition qu'il paraisse...
Qu'il vienne ici s'asseoir,
Oui, traitez-moi de lâche,
Si je ne lui fais à la figure un beau pied de nez!

(Un peu déconcerté.)

**Troisième Convive**

Qu'as-tu donc?
Te voilà tout pâle, il me semble?

**Le Compère**

Moi? Regarde mieux! Tu rêves!

**Premier et Deuxième Convives**

Bon : tu vois. Tu rêves!

(Ils ont tous peur, Tcherevick pour se donner du cœur entonne une chanson.

**Tcherevik**

Dou-dou, dou-dou, rou-dou-dou, rou-dou-dou,
Oh, rou-dou-dou, rou-dou-dou, rou-dou-dou.
Au berceau la pauvreté, pauvreté,
Feu de paille flambe et ne peut durer
Et la cruche à l'eau tant de fois s'en va,
C'est un rouble pour Anna, pour Anna,
C'est un rouble pour Anna, pour Anna,
Pour Maroussia dix centimes, dix centimes,
Mais Maroussia n'en veut pas, n'en veut pas,
J'irai me plaindre au seigneur.
Viens, Ivan, à mon secours, mon secours,
Je refuse et n'en veux pas, n'en veux pas,
Je vaux mieux que dix centimes, dix centimes.

**Les Convives**

Oh! rou-dou-dou, rou-dou-dou, rou-dou-dou,
Oh! rou-dou-dou, rou-dou-dou, rou-dou-dou,
etc.

**Le Compère et Tcherevik**

Oh! rou-dou-dou, rou-dou-dou, rou-dou-dou,
Oh! rou-dou-dou, rou-dou-dou, rou-dou-dou,
Oh! rou-dou-dou, rou-dou-dou, rou-dou-dou,
Oh! rou...

(Une boîte de fer-blanc tombe de l'endroit où est le fils du Pope. Émoi général.)

**Khivria** (pour détourner l'attention)

Drôle de chanson que vous braillez ensemble
Roudoudou et roudoudou, roudoudou et roudoudou
Avez-vous bientôt fini de me mettre par terre ma vaisselle!

**Premier et Deuxième Convives**

Vaisselle?

**Troisième Convive**

Vaisselle?

**Le Compère**

Vaisselle?

**Tcherevik**

Ou bien la « Veste Rouge »?

**Khivria**

Ah! l'imbécile!
La vaisselle peut tinter.
Oui, et l'autre non, elle grogne!

**Premier et deuxième Convives**

Oui, tinter.
Merci, mon Dieu, merci!

**Tcherevik, le Compère et le troisième Convive**

Oui, tinter.
Merci, mon Dieu, merci!

**Khivria**

Alors c'est tout cela qu'on m'offre,
Moi qui comptais être de la fête?

**Tcherevik**

Attends un peu! La fête a commencé,
Mais est loin d'avoir fini.

(Regardant autour de lui.)

Khivria! Khivria!

**Khivria**

Bon, que te faut-il encore?

**Tcherevik**

Ma petite Khivria, viens plus près!

**Khivria** (s'approchant de lui)

Bien!

**Tcherevik**

Si tu voulais fermer cette chose,

**Khivria**

Mais quelle chose?

**Tcherevik**

Regarde, la chose.

**Khivria**

Fenêtre?

**Tcherevik**

Oui, si tu veux bien, Khivria,
Si tu n'y vois pas de mal, c'est la fenêtre;
Tu seras bien gentille.

**Khivria** (fermant la fenêtre)

Bon! et après?

**Tcherevik** (enhardi)

Tu dis? Après?
Nous rendons grâce à Madame la « Veste Rouge ».

**Premier Convive**

Holà, Tcherevik!

**Deuxième Convive**

Holà, Tcherevik

**Le Compère**

Holà, Tcherevik!

**Troisième Convive**

Holà, Tcherevik!

**Tous**

Holà, Tcherevik!

**Les Convives**

Holà, Tcherevik!

**Le Compère**

Tu vas attirer du malheur!

**Troisième Convive**

Tu vas provoquer le diable!

**Premier Convive**

Et s'il lui prend fantaisie
De paraître en cette chambre.

**Le Compère**

Oui, que pourrons-nous bien faire?

**Troisième Convive**

Qui nous tirera d'affaire?

**Premier Convive**

Il veut faire peur au diable!

**Deuxième Convive**

Il l'invite à notre table

**Les Convives et le Compère**

Il veut notre perte
Il nous jette dans ses griffes
Et le diable va nous prendre,
Nous lancer dans la chaudière !

(Le Compère et les Convives se mettent à table. Tcherevik s'approche d'eux.)

**Le Compère**

Prends garde, Tcherevik !
Prends garde.

**Les Convives**

Prends garde, Tcherevik !
Prends garde !

**Tcherevik**

Arrière ! Arrière !

**Les Convives et le Compère**

Arrière ! Arrière !

(Le Compère et les Convives se mettent à table. Tcherevik s'approche d'eux.)

**Tcherevik** (au Compère)

Maintenant, dis-nous l'histoire, Compère !
Sans manières, c'est moi qui le demande,
Raconte-nous l'histoire de la veste maudite !

**Le Compère**

Eh, mon Compère, es-tu bien sûr
Que le moment soit convenable ?
Pourtant si tu tiens à l'entendre
Et si cela peut divertir nos hôtes,
Qui je le vois sont tout yeux, tout oreilles,

Pour apprendre en quoi consiste cette diablerie,
Ecoutez, je commence.

(Mystérieusement.)

Un pauvre diable un beau jour
Ayant commis une faute
Voilà que de l'enfer
On le sort et on le chasse.

**Tcherevik**

Que dis-tu? Et comment est-ce possible?

**Le Compère**

Possible ou non, c'est ainsi,
Comme chien galeux on le chasse.
Sans doute qu'il s'était laissé
Prendre à quelque bonne action par mégarde?
Bon, le voilà donc dehors.
Il est bien malheureux,
L'ennui l'accable,
La mort le tente.
Que faire? sinon noyer son chagrin?
C'est de cette grange qu'il a fait son gîte
Jamais sur cette terre on n'a vu pareil ivrogne :
De l'aube à la nuit close, à l'auberge installé sans bouger.
Longtemps on le laisse,
Puis on réclame un jour.
Voilà qu'il lui faut donner en gage sa veste,
Sa veste rouge,
C'est un Juif qui en offre quelques sous
A la foire de Sorotchintzy.
Il l'engage en lui disant ceci :
« Ecoute, dans un an d'ici
Je viendrai la chercher,
Garde-là surtout »,
Et s'abîme dans l'espace.
La veste est là, le Juif l'examine
Même à la ville on n'aurait pas drap aussi solide!

Et la couleur, plus rouge que braise,
Est si vive qu'elle aveugle!
C'est un long terme qu'une année,
Le Juif s'impatiente,
Passe la main dans ses cheveux et se décide :
A un Seigneur qui passe il endosse
Pour cinq ducats la chose,
Mais tout à coup, quand le soir tombe,
Un homme se dresse devant lui.
« Eh! Juif, il faut me rendre ma veste! »
Mais le Juif est plus rusé,
Il fait semblant de ne rien comprendre :
« Et quelle veste?
Que me veux-tu avec ta veste?
Je ne sais pas de quoi tu parles! »
Et l'autre s'en va.
Mais quand vient la nuit,
Le Juif, enfermé dans sa tanière,
Compte ses écus, referme son coffre,
Sur la tête il se met une serviette
Et commence à prier selon sa coutume.
Quand un murmure ... Quoi?
Des groins de porc ont paru soudain à ses fenêtres.

(Murmures, tous écoutent.)

Quoi?
Ce n'est rien.
Mais?
Non, rien te dis-je.
Ah!

**Tcherevik**

Je crois qu'on grogne?

**Khivria**

On dirait des femmes?
Vous, des cosaques, n'avez-vous pas honte?
C'est la quenouille qu'il vous faut,
La quenouille avec le peigne!

C'est tout simplement l'un d'eux,
Que sais-je, mon Dieu,
Sans y penser, il bouge et le banc crie,
Et tous se démènent comme des insensés.

**Le Compère**

Le Juif tremble,
Les porcs se dressent,
On dirait qu'ils ont des échasses,
Sautent dans la chambre et le raniment
A coups de fouets à triple queue.
Le Juif se met à danser
Plus haut que les poutres de ce plafond.
Et c'est depuis ce temps
Que pour passer par là on se signe;
En dix années jamais plus
On n'a tenu la foire en ce lieu.

(La fenêtre s'ouvre avec fracas. Un groin de porc s'y montre)

Qui nous vaut cela?
L'ennemi du genre hu...

(Entrent le Tzigane, ensuite Gritzko avec jeunes gens et jeunes filles.)

**Compère, Tcherevik et les Convives**

C'est le diable, c'est le diable!
Lui! Lui!
C'est le diable, c'est le diable.
Lui! Lui!
Ah! ah! lui!

(Le fils du Pope dégringole de la soupente. Pour se dérober il se couvre de la vieille jupe de Khivria qu'il a trouvée en haut.)

**Khivria, Compère et Tcherevik**

Lui! lui!

(Le Compère s'approche, mouvement du fils du Pope.)
(Tout le monde effrayé.)

Lui!

(Tcherevik s'approche, mouvement du fils du Pope.)

Lui!

(Tout le monde effrayé.)

Lui, lui,

(Le Tzigane s'approche et ôte la couverture.)

Un homme!

**Le Tzigane**

Amis, voyez par vous-mêmes,
A qui vous avez affaire :
Le fils du Pope en personne,
Le fils du Pope en personne!
Eh! qu'en dis-tu Tcherevik?
Mon brave homme, dis-nous donc,

(à Tcherevik qui reste stupéfait.)

Que penser de ton épouse
Qui a un faible pour le diable,
Et il a bonne mine!

**Tcherevik**

O gredine!

(Rire général.)

**Premier Chœur**

Ha, ha, ha, ha, ha, ha! Ha, ha, ha, ha, ha, ha!
Ha, ha..., etc.

**Deuxième Chœur**

Ha, ha, ha, ha, ha, ha! Ha, ha, ha, ha, ha, ha!
Ha, ha... etc

**Tzigane**

J'aurai les bœufs?

**Gritzko**

C'est dit!

**Chœur**

Oh! rou dou dou, rou dou dou, rou dou.dou,
Oh! rou dou dou... etc.

**RIDEAU**

# ACTE III

(La place du village. On aperçoit le toit de la maison de Tcherevik.)

**Parassia**

Tendre ami, ta tristesse
Ne peut soulager nos peines.
Par le monde est-il pour toi
D'autres femmes que Parassia?
Pourtant j'aimais à l'entendre :
« Parassia, ma colombe,
Souveraine de mon cœur »
Je vois alors son regard si tendre,
Ses yeux sous les noirs sourcils
Ont un éclat fascinateur et doux.

**Parassia** (descend dans le jardin.)

Mais soudain il s'attriste,
Et pourquoi, je ne sais pas.
Ai-je tout à coup vieilli,
Ai-je donc perdu ma jeunesse?
Je ne suis plus jolie?
Voyons!

(Elle se regarde dans un miroir de poche.)

Ma pervenche verdoyante,
Fais-nous un tapis bien doux.
Beau jeune homme, toi que j'aime,
Fais-nous un salut plus bas.
Choc, choc, choque tes bottes.
Fais-nous un tapis bien doux!

Choc, choc, choque tes bottes,
Fais-nous un salut plus bas!
Et ne sois plus en colère,
Près de moi reviens ce soir!
Ne détourne plus la tête,
Sois plus brave, entre chez nous!
Choc, choc, choque tes bottes,
Près de moi reviens ce soir!
Choc, choc, choque tes bottes,
Ne sois donc plus en colère!
Hop, hop le hopak!
Entre dans le bal!
Choc, choc, choque tes bottes,
Le hopak nous danserons.
Choc, choc, choque tes bottes
Dans le bal nous entrerons.
Hop, hop, le hopak,
Entre dans le bal!
Choc, choc, belles bottes
Hop, hop, le hopak

(Tcherevik se montre, il suit la danse.)

Choc, choc, choc, choque tes bottes,
Je retrouve mon ami,
Hop, hop, le hopak,
Encore une fois dansons
Ho!...

**Tcherevik**

A la danse père et fille;
Tout à la joie, oui, tout à la joie.

**Gritzko**

Le bonjour à toi, Solopy,
Je te salue, je te salue,
Le bonjour à toi, Parassia,
Le boujour à ma toute belle,
Je te salue, je te salue.

**Tcherevik**

La chose est faite sans plus la discuter,
Ma volonté suffit, il faut obéir.
Je veux qu'aujourd'hui vous soyez mariés,
Soyez heureux !

**Gritzko**

Grand merci à toi, Solopy,
Pour tant de sagesse,
Vivre auprès de ma Parassia,
Sans plus rien qui nous sépare,
Est-il un plus grand bonheur ?

**Parassia**

Quel bonheur ! Ah ! quelle joie,
Quel bonheur ! Ah ! quelle joie !

**Gritzko**

Quel bonheur ! Ah ! quelle joie,
Quel bonheur ! Ah ! quelle joie !

**Parassia**

Quel bonheur ! Ah ! quelle joie,
Quel bonheur ! Ah ! quelle joie !

**Gritzko**

Quand le Tsar viendrait me dire :
Demande-moi tout ce qui peut te charmer en présent,
Tu l'auras,
Au Tsar je répondrais :
Je ne veux pas ;
Pas de veste élégante

Aux riches broderies,
Ni bonnet de fourrure,
Ni sabre à la garde d'or,
Donnez-moi ma Parassia,
Donnez-moi ma Parassia !

**Parassia**

Quand le Tsar viendrait me dire :
Demande-moi tout ce qui peut te charmer en présent,
Tu l'auras,
Au Tsar je répondrais :
Je ne veux pas,
Pas de joli corsage
Aux fines broderies,
Ni pierres précieuses,
Perles fines, émeraudes,
Donnez-moi mon Gritzko, mon ami,
Donnez-moi mon Gritzko, mon ami !

**Gritzko**

Je n'aime que toi, ma Parassia.
Oui, je n'aime que toi, ma colombe.
Je t'aime, Parassia, oui, je t'aime ma lumière !
O ma belle, mon cœur à toi seule
Tout, tout pour un seul baiser de toi !

(Il embrasse Parassia.)

**Parassia**

Tu m'aimes, Gritzko, c'est bien vrai ?
Faut-il donc croire à ton amour ?
Je le vois à ton regard,
C'est donc vrai, tu m'aimes,
Je puis te croire.
C'est donc vrai, je trouve par toi le bonheur !

**Gritzko**

Tout pour toi seule, ma belle,
Je donnerai tout pour toi seule...
Tout pour toi seule,
Tout pour toi!

**Parassia**

Il ne faut pas tromper ta Parassia...
Toi que j'aime, mon Gritzko!

**Jeunes Filles**

Venez vite, jeunes filles,
Jeunes filles, mes amies,
Les garçons qui nous attendent!

(Vers les jeunes gens.)

Allons les surprendre!
Holà! vous autres!
Holà! les braves
Qui traînez ici vos bottes,
Qui venez pour voir la fête!
Que voulez-vous nous offrir
Pour nous divertir?
Ces jolis rubans qui brillent,
Ou ces jupes à ramages?
Ho!

**Jeunes Gens**

Ho, jeunes filles,
Vous êtes gentilles
Et plaisantes et coquettes
Et plaisantes et coquettes,
Et plaisantes et coquettes.
Jupons! assez!
Jupons! voilà!
Oui, vraiment.

**Jeunes Filles**

Ho! cosaques, quels avares
Pas un cadeau?
Rubans! Rubans! vraiment?

(Khivria entre en courant.)

**Khivria**

Ah! que plutôt je crève
Que de les laisser faire!

**Tcherevik**

Paix! Khivria, tais-toi!
Tiens-toi tranquille, car je le veux,
Oui, je veux!
Un même toit les abritera.
Réunis comme ces couronnes.

**Tcherevik, le Tzigane et le Compère**

Réunis comme ces couronnes,
Réunis comme ces couronnes.
Vous la jeunesse,
Il faut danser maintenant,
Sans épargner vos jambes,
Il faut danser le hopak!
Le hopak, le hopak, le hopak.

(DANSE)

RIDEAU

# TABLE

## PREMIER ACTE



## SECOND ACTE



## TROISIÈME ACTE



IMPRIMERIE CHAIX, RUE BERGÈRE, 20, PARIS. — 23070-11-24. — (Encre Lorilleux).

www.ingramcontent.com/pod-product-compliance
Ingram Content Group UK Ltd.
Pitfield, Milton Keynes, MK11 3LW, UK
UKHW020436180726
13839UKWH00004B/1506

9 782329 196206